Ma mission à Londres,

1912-1914

Fürst von Karl Max Lichnowsky

Writat

Cette édition parue en 2024

ISBN : 9789359943145

Publié par
Writat
email : info@writat.com

Contenu

NOTE BIOGRAPHIQUE

L'auteur des pages suivantes, Karl Max, prince Lichnowsky , est membre d'une famille qui possède des domaines à la fois en Silésie allemande et autrichienne et possède un siège héréditaire à la Chambre haute de la Diète prussienne. Le père du prince actuel et son prédécesseur au titre était un général de cavalerie prussien qui, à la fin de sa vie, siégea pendant quelques années au Reichstag en tant que membre du parti libre conservateur.

Son oncle, le prince Félix, fut élu en 1848 pour représenter Ratibor à l'Assemblée nationale allemande à Francfort-sur-le-Main ; il était un membre actif de l' aile conservatrice et, lors de l'insurrection de septembre, alors qu'il chevauchait avec le général Auerswald dans les environs de la ville, il fut attaqué et assassiné par la foule.

Le prince actuel, après avoir servi dans l'armée prussienne, où il a le grade de major, entre dans le service diplomatique. En 1885, il fut pendant une courte période attaché à l'ambassade d'Allemagne à Londres, puis devint conseiller d'ambassade à Vienne. De 1899 à 1904, il fut employé au ministère allemand des Affaires étrangères et reçut le grade et le titre de ministre plénipotentiaire.

En 1904, il se retira dans ses domaines silésiens et, comme il le déclare, vécut pendant huit ans la vie d'un gentilhomme de la campagne, mais lisait assidûment et publiait occasionnellement des articles politiques. Il raconte lui-même les circonstances dans lesquelles il fut nommé ambassadeur à Londres à la mort du baron Marschall von Bieberstein .

Le baron Marschall , qui avait été secrétaire aux Affaires étrangères sous les chancelleries du comte Caprivi et pendant un certain temps sous le prince Hohenlohe, avait obtenu de grands succès comme ambassadeur à Constantinople et aussi, du point de vue allemand, comme chef plénipotentiaire allemand au IIe Conférence de La Haye en 1907. Le baron Marschall était, pour reprendre une expression de Bismarck, « le meilleur cheval de l'écurie diplomatique allemande ». Et on attendait de grandes choses de lui à Londres. Mais il n'a vécu que quelques mois après sa nomination.

prince Lichnowsky , ses manières agréables et l' hospitalité généreuse dont il fit preuve à Carlton House Terrace lui donnèrent une position dans la société anglaise qui facilita les négociations entre l'Angleterre et l'Allemagne et contribua beaucoup à atténuer les frictions survenues au cours de cette période. que le prince Bülow occupait le poste de chancelier allemand.

La brochure traduite ici rend compte de sa mission à Londres ; après son retour en Allemagne, il a vécu retiré dans le pays, mais a rédigé des articles occasionnels dans la presse. Le pamphlet, rédigé en août 1916, n'était pas destiné à être publié, mais était distribué confidentiellement à quelques amis. Son existence était connue depuis longtemps , mais ce n'est qu'en mars de cette année que pour la première fois des extraits en ont été publiés dans le journal suédois *Politiken* . Des extraits plus longs ont depuis paru dans la London Press ; pour la première fois, une traduction complète réalisée à partir de l'original allemand est désormais présentée au public.

PRÉFACE

Jamais peut-être dans l'histoire le monde n'a vu une démonstration aussi grande, comme lors du déclenchement de cette guerre, du pouvoir meurtrier et corrupteur du mensonge organisé . Toute l'Allemagne, en dehors des cercles gouvernementaux, fut amenée à croire que la guerre était une attaque perfide, complotée dans l'obscurité par « la France revancharde, la Russie barbare et l'Angleterre envieuse », contre la patrie innocente et éprise de paix. Et le centre de l'intrigue était le machiavélique Gris, qui depuis de longues années encerclait et étranglait l'Allemagne pour, au moment choisi, lui porter par derrière un coup mortel. L'empereur, les princes, les ministres, les évêques et les aumôniers, les historiens et les théologiens, en partie consciemment et en partie innocemment, rivalisaient d'attestations solennelles et d'ingénieuses falsifications de preuves ; et le peuple, docile de formation et longtemps endoctriné à la haine de l'Angleterre, croyait inévitablement et exagérait passionnément ce qu'on lui disait. De cette croyance sont nées en grande partie les étranges brutalités et férocités du peuple allemand au début de la guerre, que ce soit envers des personnes qui avaient droit à la courtoisie, comme les ambassadeurs, ou à la sympathie humaine commune, comme les blessés et les prisonniers. Les masses allemandes ne pouvaient montrer aucune pitié envers les personnes coupables d'un crime mondial aussi odieux.

Et voici maintenant une preuve qui, en temps normal, convaincrait même la nation allemande, que toute la base de sa croyance était une structure de mensonge délibéré ; ce qui montre que c'est le Kaiser et ses ministres qui ont comploté la guerre ; tandis que c'était l'Angleterre, et particulièrement Sir Edward Grey, qui s'efforçait le plus de préserver la paix.

C'est le témoignage de l'ambassadeur d'Allemagne à Londres pendant les années 1912-1914, le prince Lichnowsky , corroboré plutôt que réfuté par les commentaires de M. von Jagow , qui était alors ministre des Affaires étrangères, et poussé plus loin par les mémorandums récemment publiés de M. Mühlon , l'un des directeurs de l'usine d'armement Krupp à Essen. On pourrait difficilement imaginer un témoignage plus convaincant . Le peuple allemand le croira-t-il ? Croiraient-ils maintenant si quelqu'un ressuscitait des morts ?

Nous ne pouvons pas encore deviner la réponse. En fait, il y a une autre question à laquelle il faut d'abord répondre : pour quelle raison, et en vue d'un éventuel changement de politique, le gouvernement allemand a-t-il autorisé la publication de ces documents et la circulation du Mémorandum de Lichnowsky sous forme de brochure à 30 pfennig ? Les militaristes pensent-ils que leur triomphe est sûr et que le moment est venu pour eux de jeter le masque ? Ou bien les opposants au militarisme, qui semblaient si écrasés, ont-ils réussi à affirmer leur pouvoir ? S'agit-il d'un plan visant à inciter la population allemande , toujours docile , à moins détester l'Angleterre ?

Cela doit être une histoire surprenante pour les Allemands, mais pour nous, elle contient peu de choses nouvelles. C'est une confirmation absolue, dans l'esprit et dans la lettre, du Livre bleu britannique et des livres anglais tels que « History of Twelve Days » de M. Headlam et « Thirteen Days » de M. Archer. Le résumé du prince Lichnowsky s'accorde exactement avec les conclusions britanniques : les Allemands ont encouragé le comte Berchtold à attaquer la Serbie, connaissant bien les conséquences à attendre ; entre le 23 et le 30 juillet, ils ont rejeté toute forme de médiation ; et le 30 juillet, lorsque l'Autriche voulut se retirer, elle envoya en toute hâte un ultimatum à la Russie afin de rendre le retrait impossible (pp. 39-40). Une horrible histoire de cécité et de crime ; mais nous savions tout avant.

Tout aussi intéressant est le récit du prince Lichnowsky sur la politique de l'Allemagne et de l'Angleterre avant la guerre. Il confirme notre connaissance du « sinistre flou » de la politique allemande au Maroc, du désir constant de l'Angleterre de s'entendre et de l'Allemagne d'échapper à l'entente. Quant à notre prétendue envie du commerce allemand, c'est dans les milieux commerciaux anglais que le désir d'une entente avec l'Allemagne était le plus fort. Quant à notre « politique d'encerclement », notre objectif délibéré, dans la continuité de la ligne de Lord Salisbury et de M. Chamberlain, était de faciliter plutôt que d'entraver l'expansion légitime et pacifique d'une grande force, qui deviendrait dangereuse si elle était supprimée. et confiné.

Les cas tests étaient le chemin de fer de Bagdad et les colonies portugaises. Nous avons convenu de ne pas faire d'objection à ce que l'Allemagne les achète alors que le Portugal était prêt à les vendre ; nous avons convenu entre-temps de les traiter comme une sphère d'intérêt allemande et de ne pas y rivaliser d'influence. Nous avons accepté, sous réserve de la conservation des droits britanniques existants et de certaines autres garanties, l'achèvement du grand chemin de fer du Bosphore à Bassorah et la reconnaissance de l'ensemble de la région desservie par le chemin de fer comme sphère d'intérêt allemande. Les deux traités, quoique achevés, ne furent jamais signés ; pourquoi ? Parce que Gray ne signerait aucun traité secret. Il a insisté pour qu'ils soient publiés . Et le gouvernement allemand ne permettait pas leur publication ! Pour Lichnowsky, cela semblait être une simple rancune de la part de rivaux qui lui reprochaient son succès, mais nous voyons maintenant qu'il s'agissait d'une politique délibérée. Les faiseurs de guerre ne pouvaient pas se permettre de faire connaître à leur peuple la preuve de la bonne volonté de l'Angleterre.

Lichnowsky était un ami de l'Angleterre, mais il n'était ni un pacifiste ni un « petit Allemand ». Sa politique était de favoriser l'expansion pacifique de l'Allemagne, en bonne entente avec l'Angleterre et la France, sur les mers et dans les colonies. Il visait un « développement impérial » sur le modèle britannique ; il abhorrait la « politique de la Triple Alliance » consistant à épouser les querelles de l'Autriche, à soutenir la Turquie contre les États des Balkans, à intriguer contre la Russie et à considérer toute la politique en termes de rivalités européennes sur fond de guerre. Sa propre politique , si elle avait été suivie loyalement par le gouvernement allemand, aurait évité la guerre et sauvé l'Europe.

Il y a un ou deux traits chez Lichnowsky langage qui montre que, malgré toute sa libéralité de pensée, il est toujours allemand. Il accepte aussitôt, sur le rapport d'un agent secret allemand, la fausse déclaration selon laquelle Gray aurait conclu un traité secret avec la France. Il évoque, comme si c'était une chose naturelle, l'étrange opinion selon laquelle le *Standard* aurait été « apparemment acheté par l'Autriche ». Il décrit M. Asquith comme un pacifiste et Sir Edward Grey comme à la fois un pacifiste et, idéalement et pratiquement, un socialiste. Il faut se rappeler le genre de vues auxquelles il était habitué à Potsdam.

Il ne fait aucun doute que Lichnowsky a été délibérément trompé par son gouvernement, et il ne fait aucun doute qu'il a été choisi pour son poste à Londres dans le but de nous tromper. Ces choses sont toutes dans l'Évangile selon Bernhardi . Lichnowsky lui-même était à la fois un diplomate honnête et compétent, et ses paroles d'auto-reproche sonnent de sincérité : « J'ai dû soutenir à Londres une politique dont je reconnaissais l'hérésie . c'était un péché contre le Saint-Esprit.»

Si Grey, dans l'enchevêtrement des terribles problèmes qui l'entouraient, s'est déjà trompé, son péché n'était pas contre le Saint-Esprit. L'attaque lancée contre lui au début de la guerre par les idéalistes radicaux était facile à réfuter. Si jamais un homme d'État a lutté, avec prudence, pour la paix, pour l'amitié entre les nations, pour la transformation des rivalités armées en ententes cordiales et démocratiques, c'était notre grand ministre anglais. Il a été accusé d'être l'auteur de traités secrets ; et nous le trouvons, tout au long des temps de paix, et à tous les moments où le choix était encore possible, un refus constant des traités secrets. Il a été accusé de recherche de territoire ; et nous le trouvons, tant en guerre qu'en paix, s'opposant fermement à tout agrandissement territorial . Telle était la politique approuvée par les dirigeants des deux partis anglais avant la guerre.

C'est une attaque de l'autre côté qui l'atteint désormais. Si la guerre avait été courte et réussie, cela ne se serait pas produit. Mais une guerre longue, amère et dangereuse crée nécessairement sa propre atmosphère, et la politique qui était la sagesse en 1913, lorsque le monde était en paix et que nos relations avec l'Allemagne s'amélioraient, nous semble peut-être aujourd'hui comme étrangement confiante et généreuse. Pourtant, si nous essayons de retrouver ce calme mental sans lequel les nations ne pourront jamais, jusqu'à la fin des temps, restaurer leurs richesses gaspillées et reconstruire les espoirs brisés de la civilisation , je pense que la plupart des Anglais conviendront que la politique de Grey était, comme nous tous, Je pensais à l'époque que c'était la bonne et la sage politique. Faire savoir au monde entier que nous ne nous associerions jamais à aucune attaque contre l'Allemagne, mais que nous ne permettraitions jamais aucune attaque contre la France ; chercher à éliminer toutes les causes de friction entre l'Angleterre et l'Allemagne, comme elles avaient été supprimées entre l'Angleterre et la France et entre l'Angleterre et la Russie ; étendre l'Entente Cordiale par étapes à toutes les nations qui voudraient y entrer et « rapprocher les deux groupes de l'Europe ». C'était la bonne politique, qu'elle réussisse ou qu'elle échoue ; et ce sera, du moins en esprit, un jour à nouveau la bonne politique.

Aucun Anglais, je pense, ne regrettera la généreuse courtoisie qui a envoyé l'ambassadeur d'Allemagne avec une haie d' honneur , « comme un souverain qui s'en allait ». Personne ne regrettera les larmes silencieuses de notre Premier ministre lorsque la guerre est devenue inévitable, ni la conviction de Grey qu'il s'agirait de « la plus grande catastrophe de l'histoire » – même si des militaristes allemands fous en tiraient la conclusion que le seul motif d'un tel chagrin doit être la peur. de défaite . Pour ma part, je suis heureux que, lors du dernier entretien avec Lichnowsky , Gray lui ait assuré que si jamais une occasion de médiation se présentait entre les combattants, il la saisirait et que « nous n'avons jamais souhaité écraser l'Allemagne ».

Certes, même aujourd'hui, dans la crise de la guerre, il est bon de se souvenir de ces choses. Plus notre conscience nationale est pure, plus notre volonté de victoire sera certainement forte. Plus nous mettrons de temps à abandonner les traditions de générosité et de confiance qui sont le fruit de notre longue sécurité, plus ferme sera notre résolution de tenir bon, quel que soit le martyre qui nous attend encore, jusqu'à ce que nous ou nos enfants puissions à nouveau nous permettre de vivre généreusement et faire confiance à nos voisins . À long terme, aucune autre vie ne vaut la peine d'être vécue.

Directeur général

MA MISSION À LONDRES
1912-14

MON RENDEZ-VOUS

En septembre 1912, le baron Marschall mourut après seulement quelques mois à son poste à Londres. Sa nomination, qui était sans doute principalement due à son âge et au désir de son officier subalterne de se rendre à Londres, fut une des nombreuses erreurs de notre politique.

Malgré sa personnalité marquante et sa grande réputation, il était trop vieux et trop fatigué pour s'adapter au monde anglo-saxon, qui lui était complètement étranger ; il était plutôt un fonctionnaire et un avocat qu'un diplomate et un homme d'État . Dès le début, il s'efforça de convaincre les Anglais de l'innocuité de notre flotte, et cela ne produisit naturellement que l'effet contraire.

À ma grande surprise, on m'a proposé ce poste en octobre. Après de nombreuses années d'activité, j'avais pris ma retraite à la campagne en tant que " Référent Personnel " et aucun poste ne me convenait alors. J'ai passé mon temps entre le lin et les navets, parmi les chevaux et les prairies, j'ai beaucoup lu et publié occasionnellement des essais politiques.

ainsi passé huit ans, et cela faisait treize que j'avais quitté l'ambassade de Vienne avec le grade d'envoyé. Cela avait été mon dernier véritable domaine d'activité politique, car à cette époque, une telle activité était impossible à moins d'être prêt à aider un chef à moitié fou à rédiger ses ordres grincheux avec des instructions grincheuses.

Je ne sais pas qui est responsable de ma nomination à Londres. Ce n'était certainement pas dû uniquement à HM : je n'étais pas l'un de ses intimes, bien qu'il ait toujours été aimable envers moi. Je sais aussi par expérience que ses candidats rencontraient généralement une opposition réussie. Herr von Kiderlen avait vraiment voulu envoyer Herr von Stumm à Londres ! Il manifesta immédiatement une mauvaise volonté manifeste à mon égard et s'efforça de m'intimider par son incivilité. Monsieur von Bethmann Hollweg était alors bienveillant envers moi et m'avait rendu visite à Grätz peu de temps auparavant. J'ai donc tendance à penser qu'ils étaient tous d'accord sur moi car aucun autre candidat n'était disponible pour le moment . Sans la mort inattendue du baron Marschall , je n'aurais pas plus dû être rappelé à la retraite à ce moment-là qu'à tout autre moment au cours de toutes ces années précédentes.

Politique du Maroc

C'était certainement le moment opportun pour un nouvel effort visant à établir de meilleures relations avec l'Angleterre. Notre politique énigmatique au Maroc a ébranlé à plusieurs reprises la confiance dans nos intentions pacifiques. À tout le moins, cela avait fait naître le soupçon que nous ne savions pas exactement ce que nous voulions, ou que notre objectif était de maintenir l'Europe sur le *qui-vive* et, lorsque l'occasion s'en présentait, d'humilier la France. Un collègue autrichien, qui vivait depuis longtemps à Paris, me disait : « Chaque fois que les Français commencent à oublier la *revanche*, vous la leur rappelez toujours avec une botte. »

Après avoir repoussé les efforts de M. Delcassé pour s'entendre avec nous sur le Maroc, et avoir auparavant déclaré formellement que nous n'y avions aucun intérêt politique, ce qui était conforme aux traditions de la politique bismarckienne , nous avons soudain découvert un deuxième Krüger en Abdoul Aziz. Nous lui assurâmes aussi, comme les Boers, la protection du puissant empire allemand, avec la même démonstration et le même résultat ; les deux manifestations se terminèrent par notre retraite, comme elles devaient le faire, si nous n'avions pas déjà décidé de nous lancer dans la guerre mondiale . Le congrès désolant d' Algésiras n'y pouvait rien changer, encore moins la chute de M. Delcassé .

rapprochement russo-japonais puis anglo-japonais . Face au « péril allemand », toutes les autres divergences sont passées au second plan. La possibilité d'une nouvelle guerre franco-allemande était devenue apparente, et une telle guerre ne pouvait, comme en 1870, laisser indemnes ni la Russie ni l'Angleterre.

L'inutilité de la Triple Alliance avait été démontrée à Algésiras , tandis que celle des accords conclus là-bas fut démontrée peu après par l'effondrement du Sultanat, qui, bien entendu, ne pouvait être évité. Cependant, parmi le peuple allemand, la conviction s'est répandue que notre politique étrangère était faible et qu'elle était en train de s'effondrer devant « l'encerclement » et que les phrases ronflantes étaient remplacées par une capitulation pusillanime.

Il faut reconnaître à M. von Kiderlen , par ailleurs surestimé en tant qu'homme d'État , qu'il a liquidé notre héritage marocain et qu'il a accepté tels quels les faits qui ne pouvaient plus être modifiés. Je laisserai aux autres le soin de savoir s'il était effectivement nécessaire d'alarmer le monde à la suite de l'incident d'Agadir. Elle a été acclamée avec joie en Allemagne, mais elle a suscité d'autant plus d'inquiétude en Angleterre que le gouvernement a dû attendre pendant trois semaines une explication de nos intentions. Le discours de Lloyd George, qui se voulait un avertissement pour nous, en fut la conséquence. Avant la chute de Delcassé et avant Algésiras , nous aurions pu avoir un port et un territoire sur la côte ouest, mais après ces événements, cela était impossible.

LE PROGRAMME DE SIR EDWARD GREY

Quand je suis arrivé à Londres en novembre 1912, l'enthousiasme suscité par le Maroc s'était apaisé, car un accord avec la France avait été conclu à Berlin. Il est vrai que la mission de Haldane avait échoué, car nous avions exigé l'assurance de la neutralité, au lieu de nous contenter d'un traité nous garantissant contre les attaques britanniques et les attaques avec le soutien britannique. Cependant, Sir Edward Grey n'avait pas renoncé à l'idée de parvenir à un accord avec nous et s'était efforcé en premier lieu de le faire dans les questions coloniales et économiques. Des conversations étaient en cours avec l'envoyé compétent et sérieux von Kühlmann au sujet du renouvellement de l'accord colonial portugais et de la Mésopotamie (chemin de fer de Bagdad), dont le but inavoué était de diviser les colonies et l'Asie Mineure en sphères d'influence.

L' homme d'État britannique , après avoir réglé tous les points de divergence en suspens avec la France et la Russie, a souhaité conclure des accords similaires avec nous. Son objectif n'était pas de nous isoler, mais, de son mieux, de faire de nous des partenaires dans l'association existante. De même qu'il avait réussi à surmonter les divergences anglo-françaises et anglo-russes, il souhaitait également faire de son mieux pour éliminer les divergences anglo-allemandes, et ce par un réseau de traités qui auraient sans doute finalement abouti à un accord sur la question délicate des armements navals, pour assurer la paix du monde, après que notre politique antérieure eut conduit à une association — l'Entente — qui représentait une assurance mutuelle contre les risques de guerre.

C'était le plan de Sir E. Grey. Selon ses propres mots : Sans interférer avec notre amitié existante avec la France et la Russie, qui n'a aucun but agressif et n'implique aucune obligation contraignante pour l'Angleterre, parvenir à un *rapprochement* et à une entente amicale avec l'Allemagne, "pour rapprocher les deux groupes". "

Comme chez nous, il y avait en Angleterre à cette époque deux partis : les optimistes, qui croyaient à l'entente, et les pessimistes, qui pensaient que tôt ou tard la guerre était inévitable.

Le premier comprenait MM. Asquith, Grey, Lord Haldane et la plupart des ministres du cabinet radical ; ainsi que les principaux journaux libéraux, tels que la *Westminster Gazette* , *le Manchester Guardian* et *le Daily Chronicle* . Les pessimistes étaient principalement des politiciens conservateurs comme M. Balfour, qui me l'a fait comprendre à plusieurs reprises ; également des dirigeants de l'armée, comme Lord Roberts, qui a souligné la nécessité d'un service militaire universel (« L'écriture sur le mur ») ; en outre, la Northcliffe Press et l'éminent journaliste anglais M. Garvin, de *The Observer*. Cependant, durant mon mandat, ils se sont abstenus de toute attaque et ont maintenu une attitude amicale, tant sur le plan personnel que politique. Mais notre politique navale et notre attitude en 1905, 1908 et 1911 avaient éveillé chez eux la conviction qu'après tout il y aurait un jour une guerre. Tout comme chez nous, les premiers sont aujourd'hui accusés en Angleterre de myopie et de simplicité, tandis que les seconds sont considérés comme les vrais prophètes.

LA QUESTION ALBANAISE

La première guerre balkanique a conduit à l'effondrement de la Turquie et donc à la défaite de notre politique, identifiée depuis plusieurs années à la Turquie. Puisque la Turquie en Europe ne pouvait plus être sauvée, nous pouvions gérer l'héritage de deux manières : soit nous déclarions notre désintéressement total à l'égard de la délimitation des frontières et laissions les puissances balkaniques s'en occuper, soit nous soutenions notre politique. « Alliés » et mènent une politique de Triple Alliance au Proche-Orient, renonçant ainsi au rôle de médiateur.

Dès le début, j'ai préconisé la première solution, mais le ministère des Affaires étrangères a catégoriquement favorisé la seconde.

Le point crucial était la question albanaise. Nos Alliés souhaitaient la création d'un État albanais indépendant, de même que les Autrichiens ne voulaient pas que les Serbes obtiennent l'accès à l'Adriatique et que les Italiens ne voulaient pas que les Grecs atteignent Valona ou même au nord de Corfou. A l'opposé, la Russie, comme on le sait, soutenait les souhaits de la Serbie et la France ceux de la Grèce.

Mon conseil était de considérer cette question comme dépassant le cadre de l'Alliance et de ne soutenir ni les revendications autrichiennes ni les revendications italiennes. Sans notre aide, il aurait été impossible de créer une Albanie indépendante qui, comme chacun pouvait le prévoir, n'avait aucune chance de survivre ; La Serbie se serait étendue jusqu'à la mer et la guerre mondiale actuelle aurait été évitée. La France et l'Italie se seraient disputées à propos de la Grèce, et si les Italiens n'avaient pas voulu combattre la France seuls, ils auraient été contraints d'accepter l'expansion de la Grèce au nord de Durazzo . La plus grande partie de l'Albanie est hellénique. Les villes du sud le sont entièrement ; et pendant la Conférence des ambassadeurs, des délégations des principales villes arrivèrent à Londres pour obtenir l'annexion à la Grèce. Même dans la Grèce actuelle, il existe des éléments albanais et le soi-disant costume national grec est d'origine albanaise. L'inclusion des Albanais, principalement orthodoxes et musulmans, dans le corps de l'État grec était donc la meilleure et la plus naturelle solution, si l'on laissait Scutari et le nord aux Serbes et Monténégrins. Pour des raisons dynastiques, SM était également favorable à cette solution. Lorsque j'ai soutenu ce point de vue dans une lettre au monarque , j'ai reçu des reproches agités de la part du chancelier ; il dit que j'avais la réputation d'être « un adversaire de l'Autriche » et que je devais m'abstenir de telles ingérences et de telles correspondances directes.

Le Proche-Orient et la politique de la Triple Alliance

Nous aurions dû enfin rompre avec la tradition fatale de la politique de la Triple Alliance également au Proche-Orient et reconnaître notre erreur, qui consistait à nous identifier au sud avec les Turcs et au nord avec les Austro-Magyars. Car la poursuite de cette politique, dans laquelle nous nous étions engagés au Congrès de Berlin et que nous avions activement poursuivie depuis, devait conduire à terme à un conflit avec la Russie et à la guerre mondiale, surtout si l'intelligence requise manquaient dans les hauts lieux. Au lieu de s'entendre avec la Russie sur la base de l'indépendance du sultan, que même Petrograd ne voulait pas expulser de Constantinople, et de s'en tenir à nos intérêts économiques au Proche-Orient et au partage de l'Asie Mineure en sphères de tout en renonçant à toute intention d'ingérence militaire ou politique, notre ambition politique était de dominer sur le Bosphore . En Russie, on commença à penser que la route vers Constantinople et la Méditerranée passait *par* Berlin. Au lieu de soutenir le développement actif des États balkaniques qui, une fois libérés, sont tout sauf russes et avec lesquels nos expériences ont été très satisfaisantes, nous avons pris le parti des oppresseurs turcs et magyars.

L'erreur fatale de notre politique de Triple Alliance et du Proche-Orient — qui avait contraint la Russie, notre meilleur ami et voisin naturel , dans les bras de la France et de l'Angleterre et l'éloignait de sa politique d'expansion asiatique – était d'autant plus évidente que le conflit franco-russe l'attaque, qui était la *seule* hypothèse justifiant une politique de Triple Alliance, pouvait être exclue de nos calculs.

La valeur de l'alliance italienne n'a plus besoin d'être évoquée. L'Italie voudra de notre argent et de nos touristes même après la guerre, avec ou sans alliance. Que cette dernière échouerait en cas de guerre, c'était évident d'avance. L'alliance n'avait donc *aucune valeur* . L'Autriche a besoin de notre protection en temps de guerre comme en temps de paix et n'a aucun autre soutien. Sa dépendance à notre égard est fondée sur des considérations politiques, nationales et économiques, et elle est d'autant plus grande que nos relations avec la Russie sont plus étroites. La crise bosniaque nous l'a appris. Depuis l'époque du comte Beust, aucun ministre de Vienne n'a adopté à notre égard une attitude aussi sûre d'elle que le comte Aehrenthal dans les dernières années de sa vie. Si la politique allemande est menée selon la bonne voie, en cultivant les relations avec la Russie, l'Autriche-Hongrie est notre vassale et dépend de nous, même sans alliance ni récompense ; si elle est mal conduite, nous dépendons de l'Autriche. Il n'y avait donc *aucune raison* de conclure une alliance.

Je connaissais trop bien l'Autriche pour ne pas savoir qu'un retour à la politique du prince Félix Schwarzenberg ou du comte Moritz Esterhazy y était inconcevable. Si les Slaves nous aiment peu, ils ne souhaitent pas non plus retourner dans un empire allemand, même avec un empereur Habsbourg-Lorrain à sa tête. Ils luttent pour une fédération en Autriche sur des bases nationales, état de choses qui aurait encore moins de chances de se réaliser au sein de l'Empire allemand que sous le Double Aigle. Les Allemands d'Autriche, cependant, reconnaissent Berlin comme le centre de la puissance et de la culture allemandes, et sont parfaitement conscients que l'Autriche ne pourra plus jamais être la puissance dirigeante. Ils souhaitent un lien aussi étroit que possible avec l'Empire allemand, et non une politique anti-allemande.

Depuis les années 70, la situation a fondamentalement changé en Autriche comme en Bavière. De même que, dans le second cas, il ne fallait pas craindre un retour au séparatisme grand-allemand et à la vieille politique bavaroise, de même, dans le premier cas, il ne fallait pas s'attendre à une résurrection de la politique du prince Kaunitz et de Schwarzenberg. Mais dans une fédération avec l'Autriche, qui ressemble à une grande Belgique, puisque sa population, même sans la Galicie et la Dalmatie, n'est qu'à moitié germanique, nos intérêts souffriraient autant que si nous soumettions notre politique aux vues de Vienne ou de Budapest. épousant ainsi les querelles de l'Autriche (« *d'épouser les querelles d'Autriche* »).

donc pas obligés de tenir compte des désirs de notre allié ; elles étaient non seulement inutiles, mais aussi dangereuses, car elles conduiraient à un conflit avec la Russie si l'on regardait les questions orientales à travers les lunettes autrichiennes.

L'évolution de l'alliance, d'une union formée sur une seule hypothèse pour un seul but précis, à une association générale et illimitée, une mise en commun des intérêts dans tous les domaines, était le meilleur moyen de produire ce que la diplomatie était censée empêcher : la guerre. . Une telle « politique d'alliance » était également de nature à nous éloigner de la sympathie des communautés fortes, jeunes et émergentes des Balkans, prêtes à se tourner vers nous et à nous ouvrir leurs marchés.

La différence entre le pouvoir d'une Chambre dirigeante et celui d'un État national, entre les idées dynastiques et démocratiques de gouvernement, devait être tranchée et, comme d'habitude, nous étions du mauvais côté.

Le roi Carol a déclaré à l'un de nos représentants qu'il avait conclu une alliance avec nous en supposant que nous conservions la direction ; mais si cela passait à l'Autriche, cela modifierait les fondements de la relation et, dans de telles circonstances, il ne pourrait plus poursuivre cette relation.

Les choses étaient similaires en Serbie où, contrairement à nos propres intérêts économiques, nous soutenions la politique d'étranglement autrichienne.

Chaque fois, nous avons misé sur le mauvais cheval dont on aurait pu prévoir la chute : Krüger , Abdul Aziz, Abdul Hamid, Wilhelm de Wied , pour finir — la plus fatale de toutes les erreurs — par le grand plongeon dans l' écurie Berchtold .

LA CONFÉRENCE DES AMBASSADEURS

Peu après mon arrivée à Londres, à la fin de 1912, Sir E. Gray proposa une conversation informelle pour éviter que la guerre balkanique ne se transforme en une guerre européenne, après que nous ayons malheureusement refusé, au début de la guerre, d'accepter l'accord français. proposition d'une déclaration de désintéressement. Dès le début, l' homme d'État britannique a soutenu que l'Angleterre n'avait aucun intérêt en Albanie et n'avait aucune intention d'entrer en guerre sur cette question. Il souhaitait simplement servir de médiateur entre les deux groupes en tant que "intermédiaire honnête" et aplanir les difficultés. Il ne prit donc nullement parti pour l' Entente et, pendant les quelque huit mois de négociations, sa bonne volonté et son influence autoritaire contribuèrent dans une large mesure à la conclusion d'un accord. Nous, au lieu d'adopter une attitude semblable à celle des Anglais, avons invariablement adopté la position qui nous était prescrite par Vienne. Le comte Mensdorff était le chef de la Triple Alliance à Londres ; J'étais son « second ». C'était mon devoir de soutenir ses propositions. Le comte Szögyenyi, un homme intelligent et expérimenté, dirigeait les affaires à Berlin. Son refrain était : « Alors le *casus fœderis* surgira », et quand j'ai osé douter de la véracité de cette conclusion , j'ai été sévèrement réprimandé pour « austrophobie ». On disait aussi que j'avais une « faiblesse héréditaire » — l'allusion étant à mon père.

Sur toutes les questions, nous prenions parti pour l'Autriche et l'Italie : sur l'Albanie, sur un port serbe sur l'Adriatique, Scutari, ainsi que sur la délimitation des frontières de l'Albanie, tandis que Sir E. Gray ne soutenait presque jamais les revendications françaises ou russes. Il a surtout soutenu notre groupe pour ne pas donner un prétexte comme celui que devait fournir plus tard un archiduc mort. Ainsi, avec son aide, il fut possible de convaincre à nouveau le roi Nikita de Scutari. Autrement, cette question aurait déjà conduit à une guerre mondiale, car nous n'aurions certainement pas osé faire céder « notre allié ».

Sir E. Gray a mené les négociations avec circonspection, calme et tact. Lorsqu'une question menaçait de se poser, il ébauchait une formule d' accord qui était pertinente et qui était toujours acceptée. Sa personnalité inspirait une confiance égale à tous les participants.

En fait, nous étions une fois de plus sortis avec succès d'une de ces épreuves de force qui caractérisent notre politique. La Russie a dû céder sur tous les points, car elle n'a jamais été en mesure de garantir le succès des objectifs serbes. L'Albanie est devenue un État vassal de l'Autriche et la Serbie a été repoussée de la mer. Cette conférence a donc eu pour résultat une nouvelle humiliation pour l'estime de soi russe. Comme en 1878 et en 1908, nous nous étions opposés aux projets russes, même si aucun intérêt *allemand n'était* impliqué. Bismarck a été assez habile pour atténuer l'erreur du Congrès par le traité secret et par son attitude dans la question Battenberg ; mais nous avons continué à suivre à Londres la voie dangereuse dans laquelle nous étions de nouveau engagés dans la question bosniaque, et nous ne l'avons pas quitté à temps lorsqu'elle nous conduisait au précipice.

La mauvaise humeur qui régnait alors en Russie s'est manifestée au cours de la conférence par des attaques dans la presse russe contre mon collègue russe et la diplomatie russe. Les milieux mécontents ont mis en valeur son origine allemande et son catholicisme romain, sa réputation d'ami de l'Allemagne et le fait qu'il était apparenté à la fois au comte Mensdorff et à moi. Sans posséder une personnalité très distinguée, le comte Benckendorff est doté d'un certain nombre de qualités qui distinguent un bon diplomate : tact, manières polies, expérience, courtoisie et sens naturel des hommes et des affaires. Il s'efforça toujours d'éviter toute attitude brusque et fut soutenu dans cette démarche par l'Angleterre et la France.

Plus tard, je lui ai fait remarquer un jour : « Je suppose que le sentiment russe est très anti-allemand. » Il a répondu : « Il existe également des cercles pro-allemands très forts et influents, mais en général les gens sont anti-autrichiens. »

Il est à peine nécessaire d'ajouter que notre « Austrophilie à outrance » (amitié pour l'Autriche contre vents et marées) n'était guère de nature à assouplir l'Entente et à orienter la Russie vers ses intérêts asiatiques !

LA CONFÉRENCE BALKANIQUE

Au même moment, la Conférence balkanique se tenait à Londres et j'ai eu l'occasion d'entrer en contact avec les dirigeants des États balkaniques. M. Venizelos était certainement la personnalité la plus distinguée. A cette époque , il n'était pas du tout anti-allemand et il me rendit visite à plusieurs reprises ; il aimait particulièrement porter le ruban de l'Ordre de l'Aigle Rouge ; il le portait même à l'ambassade de France. Son charme avenant et ses manières d'homme du monde lui valurent beaucoup de sympathie. A ses côtés , M. Daneff , alors premier ministre bulgare et confident du comte Berchtold , joua un grand rôle. Il donnait l'impression d'un homme subtil et énergique, et ce n'est probablement que grâce à l'influence de ses amis de Vienne et de Budapest, dont il se moquait souvent des hommages, qu'il fut incité à commettre la folie de s'engager dans la seconde guerre balkanique. et de refuser l'arbitrage russe.

M. Take Jonescu se trouvait également fréquemment à Londres et me rendait régulièrement visite. Je l'ai connu du temps où j'étais secrétaire à Bucarest. Il était également l'un des amis de Herr von Kiderlen . A Londres, il s'efforçait d'obtenir de M. Daneff des concessions sur la Roumanie au moyen de négociations, dans lesquelles il était assisté par le très compétent ambassadeur roumain Misu . On sait que l'opposition bulgare a provoqué l'échec de ces négociations. Le comte Berchtold (et nous, bien entendu, avec lui) était entièrement du côté de la Bulgarie, sans quoi, en faisant pression sur M. Daneff, nous aurions pu obtenir la satisfaction désirée pour la Roumanie et la mettre dans une obligation envers nous ; elle fut finalement éloignée des puissances centrales à cause de l'attitude de l'Autriche pendant et après la seconde guerre balkanique.

LA SECONDE GUERRE BALKANIQUE

La défaite de la Bulgarie dans la seconde guerre balkanique et la victoire de la Serbie, avec l'invasion roumaine, constituèrent naturellement une humiliation pour l'Autriche. Le projet de remédier à cette situation par une expédition contre la Serbie semble avoir été élaboré à Vienne peu après. Les révélations italiennes le prouvent, et on peut supposer que le marquis San Giuliano, qui a décrit le projet – avec beaucoup de justesse – comme une *péricolosissime aventura* , nous a évité d'être impliqués dans une guerre mondiale dès l'été 1913.

En raison de l'intimité des relations russo-italiennes, le plan de Vienne était sans doute connu à Petrograd. En tout cas, M. Sazonow a ouvertement déclaré à Constanza , comme me l'a dit M. Take Jonescu , qu'une attaque autrichienne contre la Serbie serait un *casus belli* pour la Russie.

Lorsqu'un de mes collaborateurs revint de congé à Vienne au printemps 1914, il déclara que M. von Tschirschky avait déclaré qu'il y aurait bientôt la guerre. Cependant, comme j'ai toujours été laissé dans l'ignorance des événements importants, j'ai considéré ce pessimisme comme infondé.

En fait, il semblerait que, depuis la paix de Bucarest, Vienne s'efforçait d'obtenir une révision du traité par ses propres efforts et n'attendait apparemment qu'un prétexte favorable . Les hommes d'État viennois pourraient bien entendu compter sur notre soutien. Ils en étaient conscients, car ils avaient été accusés à plusieurs reprises de manque de fermeté. En fait, Berlin faisait pression pour une « réhabilitation de l'Autriche ».

LIMAN VON SANDERS

Lorsque je revins à Londres en décembre 1913, après un long congé, la question Liman von Sanders avait conduit à une nouvelle crise dans nos relations avec la Russie. Sir E. Grey, non sans inquiétude, me fit remarquer l'excitation qui régnait à Petrograd à ce sujet : « Je ne les ai jamais vus aussi excités.

J'ai reçu des instructions de Berlin pour demander au ministre d'exercer une influence restrictive à Petrograd et de nous aider à régler le différend. Sir Edward le fit volontiers, et son intervention contribua dans une large mesure à aplanir la situation. Mes bonnes relations avec Sir Edward et sa grande influence à Petrograd ont été utilisées à plusieurs reprises de la même manière lorsque nous souhaitions y parvenir quelque chose, car notre représentant s'est montré tout à fait inutile dans un tel but.

Durant les journées fatidiques de juillet 1914, Sir Edward me dit : « Quand vous voulez obtenir quelque chose à Petrograd, vous vous adressez toujours à moi, mais si je fais appel à vous pour votre influence à Vienne, vous me faites défaut.

LE TRAITÉ COLONIAL

Les bonnes relations de confiance que j'avais réussi à établir, non seulement avec la société et les personnes les plus influentes comme Sir E. Gray et M. Asquith, mais aussi avec le grand public des dîners publics, produisirent une amélioration marquée dans les relations du deux pays. Sir Edward essaya honnêtement de confirmer ce *rapprochement* , et ses intentions étaient particulièrement évidentes sur deux questions : les traités coloniaux et ferroviaires de Bagdad.

En 1898, le comte Hatzfeld et M. Balfour avaient signé un accord secret divisant les colonies portugaises en sphères d'influence économique entre nous et l'Angleterre. Comme le gouvernement portugais n'avait ni le pouvoir ni les moyens d'ouvrir ses vastes possessions ou de les administrer correctement, il avait déjà pensé à les vendre auparavant et ainsi alléger ses charges financières. Un accord avait été conclu entre nous et l'Angleterre, qui définissait les intérêts des deux parties, et qui était d'autant plus précieux que le Portugal dépend entièrement de l'Angleterre, comme on le sait généralement.

À première vue, cet accord visait à sauvegarder l'intégrité et l'indépendance de l'État portugais et déclarait simplement l'intention d'apporter une assistance financière et économique aux Portugais. Littéralement, cela ne contrevenait donc pas à l'ancienne alliance anglo-portugaise du XVe siècle, renouvelée pour la dernière fois sous Charles II. et a donné une garantie territoriale réciproque.

Malgré cela, grâce aux efforts du marquis Soveral , qui était probablement au courant de l'accord anglo-allemand, un nouveau traité, appelé Traité de Windsor, fut conclu entre l'Angleterre et le Portugal en 1899, confirmant les anciens accords. qui était toujours restée en vigueur.

L'objet des négociations entre nous et l'Angleterre, qui avaient commencé avant mon arrivée, était d'amender et d'améliorer notre accord de 1898, qui s'était révélé insatisfaisant sur plusieurs points en matière de délimitation géographique. Grâce à l'attitude accommodante du gouvernement britannique , j'ai réussi à faire en sorte que le nouvel accord soit pleinement conforme à nos souhaits et à nos intérêts. L'ensemble de l'Angola jusqu'au 20e degré de longitude nous a été attribué, de sorte que nous nous étendions jusqu'à l'État du Congo par le sud ; nous avons également acquis les précieuses îles de San Thomé et Principe, qui se trouvent au nord de l'équateur et se trouvent donc réellement dans la sphère d'influence française, ce qui a amené mon collègue français à exprimer de vives mais vaines protestations.

De plus, nous avons obtenu la partie nord du Mozambique ; le Licango formait la frontière.

Le gouvernement britannique a montré la plus grande considération pour nos intérêts et nos souhaits. Sir E. Gray avait l'intention de démontrer sa bonne volonté à notre égard, mais il souhaitait également aider notre développement colonial dans son ensemble, car l'Angleterre espérait détourner le développement de la force allemande de la mer du Nord et de l'Europe occidentale vers l'océan et l'Afrique. "Nous ne voulons pas reprocher à l'Allemagne son développement colonial", m'a dit un membre du Cabinet.

Le gouvernement britannique avait initialement prévu d'inclure l'État du Congo dans l'accord, ce qui nous aurait donné un droit de préemption et nous aurait permis d'y pénétrer économiquement. Nous avons refusé nominalement cette offre en raison des susceptibilités belges. Peut-être avons-nous souhaité être économes en succès ? En ce qui concerne également la réalisation pratique de son intention réelle quoique inexprimée — le partage effectif ultérieur des colonies portugaises — le traité, sous sa nouvelle forme, présentait des améliorations et des avantages marqués par rapport à l'ancien. Des cas avaient été précisés qui nous permettaient de prendre des mesures pour sauvegarder nos intérêts dans les districts qui nous étaient assignés. Celles-ci étaient rédigées de telle manière qu'il nous appartenait en réalité de décider quand surgissaient des intérêts « vitaux », de sorte que, le Portugal étant entièrement dépendant de l'Angleterre, il suffisait de cultiver de nouvelles bonnes relations avec l'Angleterre pour mener à bien nos objectifs. intentions communes à une date ultérieure avec l'assentiment anglais.

Sir E. Gray a montré la sincérité du désir du gouvernement britannique de respecter nos droits en se référant à nous, Anglais, désireux d'investir des capitaux et en demandant le soutien du gouvernement britannique dans les districts qui nous sont attribués par le nouvel accord, avant même que celui-ci ne soit signé. complété et signé, et en les informant que leur entreprise appartenait à notre sphère d'influence.

L'accord était pratiquement conclu lors de la visite du roi à Berlin en mai 1913. A cette époque , une conférence avait lieu à Berlin sous la présidence du chancelier impérial ; J'ai également participé à cette conférence et certains de nos autres souhaits ont été définis. A mon retour à Londres , je réussis, avec l'aide du conseiller de la légation von Kühlmann , qui travaillait à l'accord avec M. Parker, à faire incorporer nos dernières propositions, de sorte que l'ensemble de l'accord puisse être rédigé par Sir E. Gray et par moi en août 1913, avant mon départ en permission.

Mais maintenant de nouvelles difficultés surgirent qui empêchèrent sa signature, et je n'obtins l' autorisation de le conclure qu'un an plus tard, c'est-à-dire peu avant le déclenchement de la guerre. Il n'a cependant jamais été signé .

Sir E. Gray n'était disposé à signer *que si l'accord était publié avec ceux de 1898 et 1899* . L'Angleterre n'avait, comme il le disait, pas d'autres traités secrets que ceux-ci, et il était contraire aux principes établis de garder secrets des accords contraignants. Il ne pouvait donc conclure aucun accord sans le publier. Il est toutefois prêt à accéder à nos souhaits en ce qui concerne le moment et les modalités de publication, à condition que cette publication ait lieu dans l'année qui suit la date de signature.

Au Foreign Office, où mes succès à Londres avaient suscité un mécontentement croissant et où un personnage influent, qui jouait le rôle de Herr von Holstein, voulait s'approprier le poste de Londres, on m'a informé que la publication mettrait en danger nos intérêts dans les colonies. car les Portugais ne nous feraient alors plus de concessions.

La futilité de cette objection ressort clairement du fait que les Portugais, étant donné l'étroitesse des relations anglo-portugaises, étaient très probablement aussi bien au courant de l'ancien accord que de nos nouveaux arrangements, et que l' influence que possède l'Angleterre à l'heure actuelle Lisbonne rend leur gouvernement complètement impuissant face à un accord anglo-allemand.

trouver un autre prétexte pour faire échouer le traité. On a suggéré que la publication du traité de Windsor, conclu à l'époque du prince Hohenlohe, bien qu'il ne s'agisse que d'un renouvellement du traité de Charles II, qui était toujours resté en vigueur, pourrait mettre en danger la position de Herr. par Bethmann Hollweg , comme preuve de l'hypocrisie et de la perfidie britanniques !

J'ai souligné que le préambule de notre accord exprimait la même chose que le traité de Windsor et que d'autres traités similaires, à savoir que nous protégerions les droits souverains du Portugal et l'inviolabilité de ses possessions. En vain! Malgré des discussions répétées avec Sir E. Grey, au cours desquelles il fit de nombreuses nouvelles suggestions pour la publication, le ministère des Affaires étrangères persista dans son attitude et finit par s'entendre avec Sir E. Goschen pour que les choses restent telles quelles !

Le traité, qui nous offrait des avantages extraordinaires, fruit de plus d'un an de travail, fut donc abandonné parce qu'il eût été pour moi un succès public.

Lorsque j'en parlai à M. Harcourt lors d'un dîner à l'ambassade au printemps 1914, le ministre des Colonies me dit qu'il se trouvait dans une situation difficile et qu'il ne savait pas comment agir. La situation actuelle est intolérable : il souhaite sauvegarder nos intérêts, mais se demande s'il doit procéder selon les termes de l'ancien ou du nouveau traité. Il est donc urgent de clarifier la situation et de régler cette affaire qui traîne depuis si longtemps.

En réponse à une dépêche dans ce sens, je reçus des instructions formulées dans des termes qui témoignaient plus d'émotion que de civilité, me disant de m'abstenir de toute ingérence supplémentaire dans cette affaire.

Je regrette aujourd'hui de ne pas avoir immédiatement voyagé à Berlin et mis mon poste à la disposition du monarque, et de n'avoir pas perdu confiance dans la possibilité de m'entendre avec les autorités, une sinistre erreur qui devait prendre son envol. vengeance quelques mois plus tard d'une manière si tragique .

Même si je jouissais déjà alors peu de la bienveillance du plus haut fonctionnaire de l'Empire, qui craignait que je n'aspire à son poste, je dois pourtant, en toute justice, lui dire que lors de notre dernière entrevue avant le déclenchement de la guerre, à la fin de En juin 1914, dont je parlerai plus tard, il me donna son accord pour la signature et la publication du traité. Malgré cela, il fallut de ma part des demandes répétées, soutenues par Herr Dr. Solf à Berlin, avant que la sanction ne soit finalement obtenue à la fin du mois de juillet 1914. Comme la crise serbe de cette époque mettait déjà en péril la paix de l'Europe, la finalisation du traité a dû être reportée . C'est aussi l'un des sacrifices de cette guerre.

LE TRAITÉ DE BAGDAD

Au même moment, je négociais à Londres, avec le soutien compétent de M. von Kühlmann , le soi-disant traité de Bagdad. Le véritable objectif était de diviser l'Asie Mineure en sphères d'influence, bien que ce terme ait été soigneusement évité en raison des droits du sultan. Sir E. Gray a également déclaré à plusieurs reprises qu'il n'existait aucun accord avec la France et la Russie sur le partage de l'Asie Mineure.

En consultation avec un représentant turc, Hakki Pacha, toutes les questions économiques concernant les entreprises allemandes furent réglées pour l'essentiel selon les souhaits de la Deutsche Bank. La concession la plus importante que Sir E. Gray m'a faite personnellement était le maintien du chemin de fer jusqu'à Bassorah. Nous avions abandonné ce point au profit de la liaison avec Alexandrette ; jusqu'à cette époque, Bagdad était le point terminal du chemin de fer. Une commission internationale devait réglementer la navigation sur le Chatt-el-Arab. Nous devions également participer aux travaux portuaires de Bassorah et recevoir des droits pour la navigation sur le Tigre, qui était jusqu'alors le monopole de la maison Lynch.

Par ce traité, toute la Mésopotamie jusqu'à Bassorah était incluse dans notre sphère d'influence (sans préjudice des droits de navigation britanniques déjà existants sur le Tigre et des droits des ouvrages d'irrigation de Wilcox), ainsi que tout le district de Bagdad et Chemin de fer anatolien.

La côte du golfe Persique et le chemin de fer Smyrne- Aidin étaient reconnus comme la sphère économique britannique, la Syrie comme la sphère française et l'Arménie comme la sphère économique russe. Si les deux traités étaient exécutés et publiés, un accord avec l'Angleterre serait conclu qui éliminerait tout doute sur la possibilité d'une « coopération anglo-allemande ».

LA QUESTION DE LA MARINE

La question navale était et reste la plus délicate de toutes. Ce n'est pas toujours considéré à juste titre.

La création d'une flotte puissante de l'autre côté de la mer du Nord – le développement de la plus grande puissance militaire du continent en la plus grande puissance navale également – devait forcément être ressentie en Angleterre comme au moins « gênante ». Il ne peut y avoir aucun doute raisonnable à ce sujet. Pour conserver son avantage et ne pas devenir dépendante, pour s'assurer la domination sur les mers qui lui est nécessaire pour ne pas mourir de faim, elle fut contrainte d'entreprendre des armements et des dépenses qui pesaient lourdement sur le contribuable. La position internationale de l'Angleterre serait toutefois menacée si notre politique faisait croire qu'une évolution belliqueuse pourrait s'ensuivre – un état de choses qui avait presque été atteint à l'époque des crises marocaines et du problème bosniaque.

La Grande-Bretagne s'était réconciliée avec notre flotte *dans les limites alors fixées*, mais ce n'était certainement pas le bienvenu, et ce fut l'une des causes — bien que non la seule et peut-être pas la plus importante — de son adhésion à la France et à la Russie ; mais à cause de la *seule flotte* , l'Angleterre n'aurait pas plus tiré l'épée qu'à cause de notre commerce, qui, dit-on, a produit la jalousie et finalement la guerre.

Dès le début, j'ai soutenu que, *indépendamment de* la flotte, il serait possible de parvenir à une entente amicale et *à un rapprochement* si nous n'introduisions pas un nouveau projet de loi sur la marine et si *notre politique était incontestablement pacifique* . J'ai également évité de mentionner la flotte et la nouvelle n'est jamais passée entre Sir E. Gray et moi. À une occasion, Sir E. Gray a déclaré lors d'une réunion du Cabinet : « L'actuel ambassadeur d'Allemagne ne m'a jamais parlé de la flotte.

Au cours de mon mandat, M. Churchill, alors Premier Lord de l'Amirauté, a proposé, comme on le sait, ce qu'on appelle les « vacances navales » et a suggéré, pour des raisons financières, et probablement aussi pour répondre aux souhaits pacifiques de son parti, un an pause dans les armements. Officiellement, Sir E. Gray n'a pas soutenu la proposition ; il ne m'en a jamais parlé, mais M. Churchill m'en a parlé à plusieurs reprises.

Je suis convaincu que sa suggestion était honnête, car la prévarication est totalement étrangère à la nature anglaise. Cela aurait été un grand succès pour M. Churchill s'il avait pu présenter au pays des réductions de dépenses et le libérer du cauchemar des armements qui pesait sur le peuple.

J'ai répondu que pour des raisons techniques, il serait difficile d'accepter son projet. Que deviendront les ouvriers engagés à cet effet, et que deviendra le personnel technique ? Notre programme naval avait été décidé et il serait difficile d'y modifier quoi que ce soit. En revanche nous n'avions pas l'intention de le dépasser. Mais il y revient encore et souligne que les sommes utilisées pour d'énormes armements pourraient être mieux employées à d'autres fins utiles. Je répondis que ces dépenses profitaient également à nos industries intérieures.

Grâce à des entretiens avec Sit W. Tyrrell, principal secrétaire particulier de Sir E. Grey, j'ai réussi à faire retirer la question de l'ordre du jour sans provoquer de ressentiment , bien qu'elle ait été de nouveau évoquée au Parlement, et à empêcher qu'aucune proposition officielle soit fait. C'était cependant une idée chère à M. Churchill et au gouvernement, et je pense qu'en adoptant son plan et la formule 16:10 pour les cuirassés, nous aurions pu donner une preuve tangible de notre bonne volonté et renforcer et encourager la tendance. qui prévalait déjà au sein du Gouvernement) à nouer des relations plus étroites avec nous.

Mais , comme je l'ai dit, il était possible de s'entendre *malgré la flotte* et sans « vacances navales ». J'avais toujours considéré ma mission de ce point de vue, et j'avais également réussi à réaliser mes projets lorsque la guerre éclata et détruisit tout ce que j'avais réalisé.

JALOUSIE COMMERCIALE

La « jalousie commerciale » dont on entend tant parler repose sur une conception erronée des circonstances. Il est certain que la montée de l'Allemagne en tant que puissance commerciale après la guerre de 1870 et au cours des décennies suivantes constituait une menace pour les milieux commerciaux britanniques qui, avec leurs industries et leurs sociétés d'exportation, détenaient un quasi-monopole du commerce. Le commerce croissant avec l'Allemagne, qui était le premier pays d'Europe en termes d'exportations britanniques - un fait auquel je faisais invariablement référence dans mes discours publics - avait cependant fait naître le souhait d'entretenir des relations amicales avec leur meilleur client et ami d'affaires. , et avait relégué toutes les autres considérations au second plan.

Le Britannique est neutre : il prend les choses telles qu'elles sont et ne s'oppose pas aux moulins à vent. C'est notamment dans les milieux commerciaux que j'ai rencontré l'esprit le plus amical et la volonté de promouvoir nos intérêts économiques communs. En fait, personne parmi eux ne s'intéressait au représentant russe, italien, autrichien, ni même au représentant français, malgré sa personnalité marquante et ses succès politiques. Seuls les ambassadeurs allemand et américain ont attiré l'attention du public.

Afin d'entrer en contact avec d'importants milieux commerciaux, j'ai accepté les invitations des Chambres de Commerce Unies, de la Chambre de Londres et de Bradford, et j'ai été l'invité des villes de Newcastle et de Liverpool. J'ai été bien reçu partout ; Manchester, Glasgow et Édimbourg m'avaient également invité et j'avais l'intention d'y aller plus tard.

Des gens qui ne comprenaient pas la situation britannique et ne se rendaient pas compte de l'importance des « dîners publics », et aussi des gens qui ne voulaient pas de mes succès, me reprochèrent d'avoir fait du mal par mes discours. Je crois au contraire qu'en apparaissant en public et en mettant l'accent sur les intérêts commerciaux communs , j'ai contribué dans une large mesure à l'amélioration des relations, sans compter qu'il eût été maladroit et grossier de refuser toutes les invitations.

Dans tous les autres cercles, j'ai également rencontré l'accueil le plus amical et la coopération la plus chaleureuse, à la Cour, dans la société et de la part du gouvernement.

LA COUR ET LA SOCIÉTÉ

Le roi, bien que n'étant pas un génie, est un homme simple et bien intentionné, doté de bon sens ; il m'a montré sa bonne volonté et était franchement désireux de faire avancer ma tâche. Bien que la Constitution britannique ne laisse que des pouvoirs très limités à la Couronne, le monarque, en vertu de sa position, peut exercer une influence considérable sur l'opinion tant dans la société que dans le gouvernement. La Couronne est le sommet de la pyramide sociale ; cela donne la mode. La société, principalement unioniste (conservatrice), s'est toujours activement intéressée à la politique, habitude que partagent les dames. Il est représenté à la Chambre des Lords, à la Chambre des Communes et donc également au Cabinet. Un Anglais soit est membre de la société, soit il aimerait en être un. Il s'efforce constamment d'être un « gentleman », et même les personnes d'origine peu distinguée, comme M. Asquith, aiment se mêler à la société et à la compagnie de femmes belles et à la mode.

messieurs britanniques des deux partis ont la même éducation, fréquentent les mêmes collèges et universités, ont les mêmes loisirs : golf, cricket, tennis sur gazon ou polo. Tous ont joué au cricket et au football dans leur jeunesse ; ils ont les mêmes habitudes de vie et passent le week-end à la campagne. Il n'y a pas de clivage social entre les partis, mais seulement un clivage politique ; Ces dernières années, ce clivage s'est tellement développé que les politiciens des deux camps évitent les relations sociales entre eux. Même sur le territoire neutre d'une ambassade, on n'osait pas mêler les deux partis, car depuis les projets de loi sur le veto et l'autonomie, les unionistes ont ostracisé les radicaux. Lorsque le roi et la reine dînèrent avec nous quelques mois après mon arrivée, Lord Londonderry quitta la maison après le dîner, car il ne souhaitait pas rester avec Sir E. Grey. Mais ce n'est pas une différence de caste ou d'éducation comme en France ; ce ne sont pas deux mondes séparés, mais le même monde, et l'opinion sur un étranger est commune, et non sans influence sur sa position politique, que M. Asquith gouverne ou que Lord Lansdowne.

Il n'y a pas eu de différence de caste en Angleterre depuis l'époque des Stuarts et depuis que les Guelfes et l'oligarchie Whig, contrairement à la noblesse terrienne conservatrice, ont encouragé l'essor d'une classe moyenne urbaine. Il s'agit plutôt d'une divergence d'opinions politiques sur des questions de droit constitutionnel et de fiscalité. Les aristocrates comme Grey, Churchill,

Harcourt, Crewe, qui rejoignirent le parti populaire – les radicaux – étaient particulièrement détestés par l'aristocratie unioniste ; on ne rencontrait jamais aucun de ces messieurs dans aucune des grandes maisons aristocratiques, sauf chez quelques amis du parti.

Nous avons été reçus à Londres à bras ouverts et les deux parties rivalisaient de courtoisie à notre égard. Compte tenu des relations étroites entre la politique et la société en Angleterre, ce serait une erreur de sous-estimer les relations sociales, même lorsque la majorité des dix mille personnes les plus riches sont opposées au gouvernement.

Il n'y a pas le même abîme infranchissable entre M. Asquith et le duc de Devonshire qu'il y en a entre, disons, M. Briand et le duc de Doudeauville . Certes, ils ne se réunissent pas dans les moments de grande tension ; ils appartiennent à deux groupes sociaux distincts, mais ils font partie d'une *même* société, quoique de degrés différents, dont le centre est la Cour. Ils ont des amis et des habitudes de vie communs ; pour la plupart, ils se connaissent depuis leur jeunesse et sont également fréquemment liés les uns aux autres par le sang ou le mariage.

Les phénomènes comme M. Lloyd George – l'homme du peuple, le petit procureur et l'homme autodidacte – sont l'exception. Même M. Burns, leader socialiste travailliste et homme autodidacte, cherchait à entrer en contact avec la société. Compte tenu de la tendance actuelle à se classer parmi les gentlemen , dont le prototype inachevé est encore le grand aristocrate, la valeur du verdict de la société et de son attitude ne doit pas être sous-estimée.

C'est pourquoi l'adaptabilité sociale d'un représentant ne joue nulle part un plus grand rôle qu'en Angleterre. Une maison hospitalière avec des hôtes agréables vaut plus que les connaissances scientifiques les plus approfondies ; un savant aux manières provinciales et aux petits moyens n'obtiendrait aucune influence, malgré tout son savoir.

Le Britannique déteste les ennuyeux, les intrigants et les connards ; il aime les bons gars.

SIR EDWARD GRAY

L'influence de Sir Edward Grey sur toutes les questions de politique étrangère était presque illimitée. Dans les occasions importantes , il avait en effet l'habitude de dire : « Je dois d'abord le porter devant le Cabinet » ; mais cela était toujours d'accord avec ses vues. Son autorité était incontestée. Bien qu'il ne connaisse pas du tout les pays étrangers et qu'il n'ait jamais quitté l'Angleterre sauf pour un court séjour à Paris, il était parfaitement au courant de toutes les questions importantes grâce à sa longue expérience parlementaire et à sa perspicacité naturelle. Il comprend le français, mais ne le parle pas. Il fut renvoyé au Parlement dans sa jeunesse et commença bientôt à s'intéresser aux affaires étrangères. Sous Lord Rosebery, il fut sous-secrétaire d'État aux Affaires étrangères et devint secrétaire d'État en 1906, sous M. Campbell-Bannerman ; il occupe ce poste depuis une dizaine d'années.

Issu d'une vieille famille des pays du Nord , qui avait déjà fourni Grey, l'homme d'État bien connu, il rejoignit l'aile gauche de son parti et sympathisait avec les socialistes et les pacifistes. On peut le qualifier de socialiste au sens idéal du terme, car il applique la théorie dans sa vie privée et vit très simplement et sans prétention, bien qu'il dispose de moyens importants. L'ostentation lui est étrangère. À Londres, il n'avait qu'une petite maison et ne donnait jamais de dîners, à l'exception du seul dîner officiel au ministère des Affaires étrangères le jour de l'anniversaire du roi. Les rares occasions où il recevait des invités, c'était lors d'un simple dîner ou déjeuner avec des servantes à attendre. Il évitait également les grandes réceptions et les banquets.

Comme ses collègues, il passe régulièrement ses week-ends à la campagne, mais pas dans les grandes soirées à la mode. Il est principalement seul dans son cottage de la New Forest, où il fait de longues promenades pour étudier les oiseaux et leurs mœurs, car il est un amoureux passionné de la nature et un ornithologue. Ou parfois, il se rend dans son domaine du nord, où il nourrit les écureuils qui entrent par les fenêtres et élève différentes espèces de sauvagine.

Il aimait beaucoup se rendre dans les marais du Norfolk pour observer, pendant leur saison de reproduction, les rares espèces de hérons qui nichent uniquement là.

Dans sa jeunesse, il était un joueur de cricket et de raquette bien connu ; désormais, son passe-temps favori est la pêche au saumon et à la truite dans les rivières écossaises en compagnie de son ami Lord Glenconner , le beau-frère de M. Asquith. "Tout le reste de l'année, j'attends ça avec impatience." Il a publié un livre sur la pêche.

Un jour, alors que nous passions un week-end seul avec lui chez Lord Glenconner , près de Salisbury, il arriva à vélo et revint à son cottage à une trentaine de kilomètres de là, de la même manière.

La simplicité et l'honnêteté de ses manières lui valurent l'estime même de ses adversaires, qui se trouvaient plutôt dans le domaine des affaires intérieures que de la politique étrangère. Les mensonges et les intrigues lui répugnent également.

Sa femme, à laquelle il était dévoué et dont il était inséparable, mourut après avoir été jetée du piège qu'elle conduisait. Comme on le sait, l'un de ses frères fut tué par un lion.

Wordsworth est son poète préféré et il pourrait citer une grande partie de sa poésie.

Le calme et la tranquillité de sa nature britannique ne manque pas d' humour . Un jour, alors qu'il déjeunait avec nous et les enfants, et qu'il les entendait parler allemand, il dit : « Je ne peux m'empêcher de penser à quel point ces enfants sont intelligents pour parler si bien allemand », et il fut ravi de sa plaisanterie.

C'est une image fidèle de l'homme qui est décrié comme "Gris-menteur" et instigateur de la guerre mondiale .

M. ASQUITH

M. Asquith est un homme d'une tout autre trempe. *Bon vivant* jovial , amoureux des dames, surtout des jeunes et jolies, il a un faible pour la société joyeuse et la bonne cuisine ; et sa joie de vivre est partagée par sa femme. Autrefois avocat bien connu, aux revenus importants, et pendant plusieurs années au Parlement, puis ministre sous M. Gladstone, pacifiste comme son ami Grey, et partisan de l'entente avec l'Allemagne, il traitait toutes les questions avec le calme joyeux. et l'assurance d'un homme d'affaires expérimenté, dont la bonne santé et les excellents nerfs étaient renforcés par son dévouement au golf.

Ses filles étaient scolarisées en Allemagne et parlaient couramment l'allemand. En peu de temps, nous nous sommes liés d'amitié avec lui et sa famille et étions ses invités dans sa petite maison de campagne sur la Tamise.

Ce n'est qu'en de rares occasions qu'il s'est occupé de politique étrangère, lorsque des questions importantes se posaient ; alors bien sûr, sa décision était définitive. Au cours des jours critiques de juillet, Mme Asquith est venue nous voir à plusieurs reprises pour nous avertir et, à la fin, elle a été très bouleversée par la tournure tragique des événements. M. Asquith également, lorsque je lui ai demandé le 2 août de faire un dernier effort dans le sens d'une neutralité attendue, était tout à fait brisé, quoique absolument calme. Les larmes coulaient sur ses joues.

NICOLSON

Sir A. Nicolson et Sir W. Tyrrell étaient les deux hommes les plus influents du ministère des Affaires étrangères après le ministre. Le premier n'était pas notre ami, mais son attitude à mon égard était tout à fait correcte et courtoise. Nos relations personnelles étaient excellentes. Lui non plus ne voulait pas la guerre ; mais lorsque nous avançâmes contre la France, il travailla sans aucun doute dans le sens d'une intervention immédiate. Il était le confident de mon collègue français, avec qui il était en contact constant ; il souhaitait aussi relever Lord Bertie à Paris.

Sir Arthur , qui avait été ambassadeur à Petrograd, avait conclu le traité de 1907, qui avait permis à la Russie de tourner à nouveau son attention vers l'Occident et le Proche-Orient.

TYRRELL

Sir W. Tyrrell, le secrétaire particulier de Sir Edward, possédait une influence bien plus grande que le sous-secrétaire permanent . Cet homme très intelligent avait fait ses études en Allemagne, puis s'était tourné vers la diplomatie, mais n'était à l'étranger que depuis peu de temps. Au début, il était favorable à la politique anti-allemande, alors à la mode parmi les jeunes diplomates britanniques, mais il devint plus tard un partisan convaincu d'une entente. Il a influencé Sir E. Grey, avec qui il était très intime, dans cette direction. Depuis le début de la guerre, il a quitté le ministère et a trouvé une place au ministère de l'Intérieur, probablement à cause des critiques qui lui ont été adressées pour sa tendance germanophile .

ATTITUDE DU MINISTÈRE ALLEMAND DES AFFAIRES ÉTRANGÈRES

Rien ne peut décrire la colère de certains messieurs contre mes succès à Londres et contre la position que j'étais parvenu à me faire en peu de temps. Ils imaginèrent des instructions vexatoires pour rendre ma charge plus difficile. J'étais resté dans l'ignorance totale des questions les plus importantes et limité à la communication de rapports ennuyeux et sans importance. Les rapports des agents secrets, sur des sujets sur lesquels je ne pouvais pas obtenir d'informations sans espionnage et sans les fonds nécessaires, ne m'étaient jamais accessibles ; et ce n'est que dans les derniers jours de juillet 1914 que j'appris, tout à fait par hasard, par l'attaché naval, l'accord secret anglo-français concernant la coopération des deux flottes en cas de guerre.

La connaissance d'autres événements importants et connus de l'Office depuis longtemps, comme la correspondance entre Gray et Cambon , m'a été cachée.

EN CAS DE GUERRE

Peu de temps après mon arrivée, j'ai acquis la conviction qu'en *aucun* cas nous ne devions craindre une attaque britannique ou un soutien britannique à une attaque étrangère, mais qu'en *toutes circonstances l'Angleterre protégerait les Français* . J'ai exprimé ce point de vue dans des dépêches répétées, avec des preuves minutieuses et une grande insistance, mais je n'ai obtenu aucun crédit, bien que le refus de Lord Haldane d'accepter la formule de neutralité et l'attitude de l'Angleterre pendant la crise marocaine aient été des indications assez évidentes . Il y avait en outre les accords secrets dont j'ai parlé et qui étaient connus du Bureau.

J'ai toujours souligné qu'en cas de guerre entre puissances européennes, l'Angleterre, en tant qu'État commercial, souffrirait énormément et ferait donc de son mieux pour empêcher un conflit ; mais, d'un autre côté, elle ne tolérerait jamais un affaiblissement ou un anéantissement de la France ; en raison de la nécessité de maintenir l'équilibre des forces européen et d'empêcher une supériorité de force allemande. Lord Haldane me l'avait dit peu après mon arrivée, et tous les dirigeants s'étaient exprimés dans le même sens.

LA CRISE SERBE

Fin juin, je me rendis à Kiel sur ordre de l'empereur. Quelques semaines auparavant, j'avais été nommé DCL honoraire d'Oxford, honneur qui n'avait été conféré à aucun ambassadeur allemand depuis Herr von Bunsen. A bord du *Météor,* nous apprîmes la mort de l'Archiduc. HM regrettait que ses efforts pour le rallier à sa façon de penser aient ainsi été rendus vains. Je ne sais pas si le projet d'une politique active contre la Serbie avait déjà été décidé au Konopischt .

Comme je n'étais pas informé des vues et des événements de Vienne, je n'attachai pas une très grande importance à cet événement. Plus tard , je n'ai pu que remarquer que parmi les aristocrates autrichiens, le sentiment de soulagement l'emportait sur les autres sentiments. À bord du *Météor* se trouvait également un invité autrichien de l'empereur, le comte Félix Thun. Il était resté tout le temps dans sa cabine, souffrant du mal de mer , malgré un temps magnifique ; mais en recevant la nouvelle, il se sentit bien. La peur ou la joie l'avaient guéri.

A mon arrivée à Berlin, je vis le chancelier et lui dis que je considérais l'état de nos relations extérieures comme très satisfaisant, car nous étions en meilleurs termes avec l'Angleterre que nous ne l'avions été depuis longtemps, tandis qu'en France également le gouvernement était en désaccord. mains d'un ministère pacifiste.

Monsieur von Bethmann Hollweg ne semblait pas partager mon optimisme et se plaignait des armements russes. J'ai cherché à le rassurer en soulignant que la Russie n'avait aucun intérêt à nous attaquer et qu'une telle attaque ne recevrait jamais le soutien anglo-français, les deux pays souhaitant la paix. Là-dessus, je suis allé voir le Dr Zimmermann, qui représentait M. von Jagow , et il m'a dit que la Russie était sur le point de lever 900 000 soldats supplémentaires. Son langage trahissait une agacement indéniable à l'égard de la Russie, qui était « partout sur notre chemin ». Il y avait également des difficultés en matière de politique économique. Bien sûr, on ne m'a pas dit que le général von Moltke faisait pression pour la guerre ; mais j'appris que M. von Tschirschky avait été réprimandé parce qu'il rapportait qu'il avait conseillé à Vienne la modération à l'égard de la Serbie.

A mon retour de Silésie à Londres , je ne m'arrêtai que quelques heures à Berlin, où j'appris que l'Autriche avait l'intention de prendre des mesures contre la Serbie pour mettre fin à une situation impossible.

Je regrette d' avoir sous-estimé l'importance de l'actualité pour le moment . Je pensais que cette fois-ci non plus, cela n'aboutirait à rien et que les choses pourraient facilement être réglées, même si la Russie devenait menaçante. Je regrette maintenant de ne pas être resté à Berlin et déclare immédiatement que je ne coopérerai pas à une politique de ce genre.

Par la suite, j'ai pu constater que lors de la conférence décisive de Potsdam, le 5 juillet, l'enquête de Vienne avait reçu l'assentiment sans réserve de tous les dirigeants, avec l'assurance qu'il n'y aurait aucun mal à en résulter une guerre avec la Russie. C'est en tout cas ce qu'exprimait le protocole autrichien que le comte Mensdorff reçut à Londres. Peu après, M. von Jagow se rendit à Vienne pour consulter le comte Berchtold sur toutes ces questions.

A cette époque, j'ai reçu des instructions pour inciter la presse britannique à adopter une attitude amicale au cas où l'Autriche donnerait le *coup de grâce* au mouvement de la « Grande Serbie » et à exercer mon influence personnelle pour empêcher l'opinion publique de devenir hostile à l'Autriche. Si l'on se souvient de l'attitude de l'Angleterre lors de la crise d'annexion, lorsque l'opinion publique manifestait de la sympathie pour les droits des Serbes en

Bosnie, ainsi que de son soutien bienveillant aux mouvements nationaux à l'époque de Lord Byron et de Garibaldi, il est probable qu'elle soutiendrait l'expédition punitive envisagée. L'affaire des meurtriers du prince s'est produite si loin, que je me suis vu obligé de donner un avertissement urgent. Mais je les ai également mis en garde contre tout ce plan, que j'ai qualifié d'aventureux et dangereux, et leur ai conseillé de conseiller aux Autrichiens la *modération* , car je ne croyais pas que le conflit puisse être localisé .

M. von Jagow m'a répondu que la Russie n'était pas prête ; il y aurait probablement du bruit, mais plus nous prendrions fermement parti pour l'Autriche, plus la Russie céderait. En fait, l'Autriche nous accusait de faiblesse et c'est pourquoi nous n'osons pas la laisser tomber. L'opinion publique russe, en revanche, devenait de plus en plus anti-allemande, il fallait donc prendre le risque.

Face à cette attitude, qui, comme je l'ai découvert plus tard, était basée sur les rapports du comte Pourtalès selon lesquels la Russie ne bougerait en aucun cas, et qui nous a amené à stimuler le comte Berchtold avec la plus grande énergie, j'espérais un salut grâce à la médiation britannique. , car je savais que la grande influence de Sir E. Grey à Petrograd pouvait être utilisée en faveur de la paix. J'ai donc profité de mes relations amicales avec le ministre pour lui demander en toute confiance de conseiller la modération en Russie, au cas où l'Autriche, comme cela semblait probable, exigerait satisfaction de la Serbie.

Au début, la presse anglaise resta calme et amicale envers l'Autriche, car le meurtre était généralement condamné. Mais peu à peu, de plus en plus de voix se sont fait entendre pour insister avec insistance sur le fait que, même si le crime méritait d'être puni, son exploitation à des fins politiques ne pouvait être justifiée. L'Autriche a été fortement exhortée à faire preuve de modération.

Lorsque l'ultimatum fut publié, tous les journaux, à l'exception du *Standard* , le toujours nécessaire , apparemment acheté par l'Autriche, furent unanimes à le condamner. Le monde entier, à l'exception de Berlin et de Vienne, comprit qu'il s'agissait de la guerre, voire de « la guerre mondiale ». La flotte britannique, qui s'était réunie pour une revue navale, n'a pas été démobilisée .

Mes efforts visaient en premier lieu à obtenir de la Serbie une réponse aussi conciliante que possible, l'attitude du gouvernement russe ne laissant place à aucun doute sur la gravité de la situation.

La Serbie répondit favorablement aux efforts britanniques, car M. Pasitch était en réalité d'accord sur tout, sauf sur deux points, sur lesquels il se déclarait cependant disposé à négocier. Si la Russie et l'Angleterre avaient voulu la guerre pour nous attaquer, il suffirait d'une allusion à Belgrade, et la note sans précédent n'aurait pas reçu de réponse .

Sir E. Gray a parcouru avec moi la réponse serbe et a souligné l'attitude conciliante du gouvernement de Belgrade. Nous avons alors discuté de sa proposition de médiation, qui devait inclure une formule acceptable pour les deux parties pour éclaircir les deux points. Sa proposition était qu'un comité composé de M. Cambon , du marquis Imperiali et de moi-même se réunirait sous sa présidence, et il nous eût été facile de trouver une formule acceptable pour les points en litige, qui concernaient principalement la collaboration des responsables impériaux autrichiens aux enquêtes à Belgrade. Avec de la bonne volonté, tout aurait pu être réglé en une ou deux séances, et la simple acceptation de la proposition britannique aurait provoqué un relâchement de la tension et aurait amélioré encore nos relations avec l'Angleterre. C'est pourquoi j'ai fermement soutenu cette proposition, estimant qu'autrement nous risquions de déclencher une guerre mondiale , dans laquelle nous n'aurions rien à gagner et tout à perdre ; mais en vain. C'était contraire à la dignité de l'Autriche : nous n'avions pas l'intention de nous mêler des affaires serbes, nous les laissions à notre allié. Je devais œuvrer à « la localisation du conflit ».

Inutile de dire qu'une simple allusion de Berlin aurait décidé le comte Berchtold à se contenter d'un succès diplomatique et à accepter la réponse serbe. Cet indice n'a pas été donné ; au contraire , ils poussaient dans le sens de la guerre. Cela aurait été une si belle réussite.

Après notre refus, Sir Edward nous a demandé de soumettre une proposition. Nous avons insisté sur la guerre. Je n'ai pu obtenir aucune réponse sinon que l'Autriche avait fait preuve d'un « esprit extrêmement accommodant » en n'exigeant pas d'extension de territoire.

Sir Edward a souligné à juste titre que même sans extension de territoire, il est possible de réduire un État à un état de vassalité, et que la Russie y verrait une humiliation et ne la souffrirait pas.

L'impression devenait de plus en plus forte que nous voulions la guerre en toutes circonstances. Il était impossible d'interpréter autrement notre attitude, sur une question qui ne nous concernait pas directement. Les demandes urgentes et les assurances définitives de M. Sazonow , suivies des télégrammes positivement humbles du tsar, les propositions répétées de Sir E. Grey, les avertissements du marquis San Giuliano et du signor Bollati , mes conseils urgents, tout cela n'a servi à rien. Berlin persistait ; La Serbie doit être massacrée .

Plus j'insistais, moins ils étaient enclins à se rallier, ne serait-ce que pour ne pas réussir à éviter la guerre en collaboration avec Sir Edward Grey.

Finalement, le 29, ce dernier se prononce sur le fameux avertissement. Je répondis que j'avais invariablement rapporté que nous aurions à compter avec l'opposition anglaise s'il s'agissait d'une guerre avec la France. Le ministre m'a répété à plusieurs reprises : « Si la guerre éclate, ce sera la plus grande catastrophe que le monde ait jamais connue. »

Par la suite, les événements se sont enchaînés rapidement. Quand enfin le comte Berchtold , qui jusqu'alors avait joué le rôle d'homme fort à la demande de Berlin, a décidé de se ressaisir, nous avons répondu à la mobilisation russe , après que la Russie avait négocié et attendu une semaine entière en vain, avec le ultimatum et déclaration de guerre.

LA DÉCLARATION DE GUERRE ANGLAISE

Sir Edward cherchait toujours de nouveaux moyens d'éviter la catastrophe. Sir W. Tyrrell m'a appelé le matin du 1er août pour me dire que son chef espérait toujours trouver une issue. Resterions-nous neutres si la France le faisait ? J'ai compris qu'il faudrait alors accepter d'épargner la France, mais il avait voulu dire que nous resterions totalement neutres, également envers la Russie. C'était le « malentendu » bien connu. Sir Edward m'avait demandé de l'appeler dans l'après-midi. Alors qu'il se trouvait à une réunion du Cabinet, il m'appela au téléphone, Sir W. Tyrrell s'étant immédiatement précipité vers lui. Mais dans l'après-midi, il n'a parlé que de la neutralité belge et de la possibilité que nous et la France puissions nous affronter en armes sans attaquer.

donc pas du tout d'une proposition, mais d'une question sans aucune garantie, puisque notre entretien, dont j'ai déjà parlé, devait avoir lieu peu de temps après. Mais Berlin, sans attendre l'interview, a fait de ce rapport la base de mesures de grande envergure. Puis vinrent la lettre de M. Poincaré , la lettre de Bonar Law, le télégramme du roi Albert. Les hésitants du Cabinet, à l'exception de trois membres qui ont démissionné, se sont convertis.

Jusqu'au dernier moment, j'avais espéré que l'Angleterre adopterait une attitude d'attente. Mon collègue français ne se sentait pas non plus en confiance, comme je l'ai appris de source privée. Le 1er août déjà , le roi avait donné au président une réponse évasive. Mais l'Angleterre était déjà mentionnée comme opposant dans le télégramme de Berlin annonçant le danger imminent de guerre. Berlin comptait donc déjà sur la guerre avec l'Angleterre.

Avant mon départ, Sir E. Gray me reçut, le 5, chez lui. J'avais appelé à sa demande. Il a été profondément ému . Il m'a dit qu'il serait toujours prêt à faire une médiation. "Nous ne voulons pas écraser l'Allemagne." Malheureusement, cette interview confidentielle fut rendue publique et Herr von Bethmann Hollweg détruisit ainsi la dernière chance de parvenir à la paix par l'intermédiaire de l'Angleterre.

Les modalités de notre départ se sont déroulées dans la dignité et le calme. Le roi avait auparavant envoyé son écuyer, Sir E. Ponsonby , pour exprimer ses regrets de mon départ et du fait qu'il ne pouvait pas me voir lui-même. La princesse Louise m'a écrit que toute la famille regrettait notre départ. Mme Asquith et d'autres amis sont venus à l'ambassade pour prendre congé.

Un train spécial nous a emmenés à Harwich, où une garde d' honneur a été rédigé pour moi. J'ai été traité comme un souverain qui s'en va. Telle fut la fin de ma mission à Londres. Elle a été détruite , non pas par les ruses des Britanniques, mais par les ruses de notre politique.

Le comte Mensdorff et son équipe étaient venus à la gare de Londres. Il était joyeux et m'a fait comprendre qu'il resterait peut-être là-bas, mais il a dit aux Anglais que c'était nous, et non l'Autriche, qui avions voulu la guerre.

RÉTROSPECTIVE

En regardant en arrière deux ans plus tard, j'en arrive à la conclusion que j'ai réalisé trop tard qu'il n'y avait pas de place pour moi dans un système qui, pendant des années, vivait uniquement de routine et de traditions, et qui ne tolérait que des représentants qui rapportaient ce que leurs supérieurs souhaitaient lire. . L'absence de préjugés et un jugement indépendant sont ressentis . Le manque de capacité et le manque de caractère sont loués et estimés, tandis que les succès rencontrent la défaveur et suscitent l'inquiétude .

J'avais renoncé à mon opposition à la politique insensée de la Triple Alliance, car je réalisais qu'elle était inutile et que mes avertissements étaient attribués à « l'austrophobie », à mon *idée fixe* . Dans la politique, qui n'est ni une acrobatie ni un jeu, mais le métier principal de l'entreprise, il n'y a pas de « phil » ou de « phobe », mais seulement l'intérêt de la communauté. Cependant, une politique basée uniquement sur les Autrichiens, les Magyars et les Turcs doit entrer en conflit avec la Russie et finalement conduire à une catastrophe.

Malgré les erreurs passées, tout aurait pu encore être réparé en juillet 1914. Un accord avec l'Angleterre avait été conclu . Nous aurions dû envoyer à Petrograd un représentant au moins doté de capacités politiques moyennes et convaincre la Russie que nous ne souhaitions ni contrôler les détroits ni étrangler la Serbie. " *Lâchez* " *L'Autriche et nous lâcherons les Français* ", nous disait M. Sazonow . Et M. Cambon disait à M. von Jagow : " *Vous n'avez pas besoin de suivre l'Autriche partout* " ("Vous n'êtes pas obligé de suivre l'Autriche partout").

Nous *ne voulions ni guerres ni alliances* ; nous voulions uniquement des traités qui nous protégeraient, nous et les autres, et assureraient notre développement économique, qui était sans précédent dans l'histoire. Si la Russie avait été libérée à l'Ouest, elle aurait pu se tourner à nouveau vers l'Est, et la rivalité anglo-russe se serait rétablie automatiquement et sans notre intervention, et non moins certainement la rivalité russo-japonaise.

Nous aurions pu également envisager la question de la réduction des armements et n'aurions plus eu besoin de nous inquiéter des complications autrichiennes. L'Autriche serait alors devenue vassale de l'Empire allemand, sans aucune alliance, et surtout sans que nous recherchions ses bonnes grâces, ce qui mènerait finalement à une guerre pour la libération de la Pologne et la destruction de la Serbie, bien que l'intérêt allemand exigeait exactement le contraire.

J'ai dû soutenir à Londres une politique dont je reconnaissais l'hérésie . Cela m'a valu une vengeance, parce que c'était un péché contre le Saint-Esprit.

MON RETOUR

Dès mon arrivée à Berlin, j'ai compris que j'allais devenir le bouc émissaire de la catastrophe dont notre gouvernement s'était rendu responsable contre mon avis et mes avertissements.

Le rapport a été délibérément diffusé dans les milieux officiels selon lequel je m'étais laissé tromper par Sir E. Grey, car, s'il n'avait pas voulu la guerre, la Russie ne se serait pas mobilisée . Le comte Pourtalès , dont les rapports étaient fiables, devait être protégé, notamment en raison de sa relation. Il s'était conduit « magnifiquement », on le louait avec enthousiasme et on me reprochait d'autant plus sévèrement.

"Qu'importe la Serbie pour la Russie ?" m'a dit cet homme d'État après huit ans de mandat à Petrograd. Tout cela était une astuce britannique que je n'avais pas remarquée. Au ministère des Affaires étrangères , on m'a dit que la guerre aurait de toute façon éclaté en 1916. La Russie aurait alors été prête ; donc c'était mieux maintenant.

LA QUESTION DE LA RESPONSABILITÉ

Comme le montrent toutes les publications officielles — et cela n'est pas réfuté par notre Livre Blanc qui, en raison de la pauvreté de son contenu et de ses omissions, est un document gravement auto-accusateur —

1. Nous avons encouragé le comte Berchtold à attaquer la Serbie, même si les intérêts allemands n'étaient pas impliqués et que nous devions connaître le danger d'une guerre mondiale . Que nous soyons au courant du libellé de l'ultimatum n'a absolument aucune importance.

2. Entre le 23 et le 30 juillet 1914, lorsque M. Sazonow a déclaré avec insistance qu'il ne tolérerait aucune attaque contre la Serbie, nous avons rejeté les propositions britanniques de médiation, bien que la Serbie, sous la pression russe et britannique, ait accepté presque l'ensemble de l'ultimatum, et bien qu'un accord sur les deux points en litige aurait facilement pu être obtenu, le comte Berchtold était même prêt à se contenter de la réponse serbe.

3. Le 30 juillet, lorsque le comte Berchtold a voulu s'entendre, nous avons envoyé un ultimatum à Petrograd simplement en raison de la mobilisation russe , bien que l'Autriche n'ait pas été attaquée ; et le 31 juillet, nous avons déclaré la guerre à la Russie, bien que le tsar ait promis de ne pas ordonner à quiconque de marcher tant que les négociations seraient en cours, détruisant ainsi délibérément la possibilité d'un règlement pacifique.

Compte tenu des faits indéniables ci-dessus, il n'est pas étonnant que le monde civilisé tout entier , en dehors de l'Allemagne, fasse porter sur nos épaules l'entière responsabilité de la guerre mondiale.

LE POINT DE VUE DE L'ENNEMI

N'est-il pas intelligible que nos ennemis déclarent qu'ils n'auront pas de repos avant la destruction d'un système qui constitue une menace constante pour nos voisins ? Ne devraient-ils pas craindre, dans quelques années, de devoir à nouveau prendre les armes et de voir à nouveau leurs provinces envahies et leurs villes et villages détruits ? N'ont-ils pas eu raison de déclarer que l'esprit de Treitschke et de Bernhardi gouvernait le peuple allemand, cet esprit qui glorifiait la guerre en tant que telle et ne la détestait pas comme un mal, que chez nous le chevalier féodal et le Junker, la caste des guerriers , toujours gouverner et former des idéaux et des valeurs, pas le gentleman civil ; que l'amour du duel qui anime notre jeunesse académique persiste encore chez ceux qui contrôlent les destinées du peuple ? L'incident de Zabern et les discussions parlementaires à ce sujet n'ont-ils pas clairement démontré aux pays étrangers la valeur que nous accordons aux droits et libertés du citoyen si ceux-ci entrent en collision avec les questions de puissance militaire ?

Cet historien intelligent , décédé depuis, Cramb , admirateur de l'Allemagne, a revêtu la conception allemande des mots d' Euphorion :

Vous rêvez de paix ? [1]
Rêvez à celui qui le fera —
La guerre est le cri de ralliement !
La victoire est le refrain.

Le militarisme, qui par droit est une éducation du peuple et un instrument de politique, transforme la politique en instrument de puissance militaire lorsque l'absolutisme patriarcal du royaume des soldats rend possible une attitude qu'une démocratie, éloignée de l'influence militaire des Junkers, n'aurait jamais. ont permis.

C'est ce que pensent nos ennemis, et c'est ce qu'ils doivent penser lorsqu'ils voient que, malgré l' industrialisation capitaliste et malgré l' organisation socialiste , « les vivants sont toujours gouvernés par les morts », comme le dit Friedrich Nietzsche . Le principal objectif de guerre de nos ennemis, la démocratisation de l'Allemagne, sera réalisé !

BISMARCK

Bismarck, comme Napoléon, aimait le conflit pour lui-même. En tant qu'homme d'État, il évitait de nouvelles guerres, dont il reconnaissait la folie . Il se contentait de batailles sans effusion de sang. Après avoir vaincu coup sur coup Christian, François Joseph et Napoléon, ce fut le tour d' Arnim , de Pie et d'Augusta. Cela ne lui suffisait pas. Gortschakow , qui se croyait le plus grand, l'avait agacé à plusieurs reprises. Le conflit fut poussé presque jusqu'à la guerre, même en le privant de son wagon de chemin de fer. Cela a donné naissance à la misérable Triple Alliance. Enfin vint le conflit avec Guillaume, dans lequel le puissant fut vaincu, comme Napoléon fut vaincu par Alexandre

.

Les unions politiques de vie et de mort ne prospèrent que si elles sont fondées sur une base constitutionnelle et non internationale. Elles sont d'autant plus discutables si le partenaire est faible. Bismarck n'a jamais voulu que l'Alliance prenne cette forme.

Il traita toujours les Anglais avec indulgence ; il savait que c'était plus sage. Il a toujours témoigné un respect marqué à la vieille reine Victoria, malgré sa haine de sa fille et de l' anglomanie politique ; il courtisait le savant Beaconsfield et le sage Salisbury ; et même cet étrange Gladstone, qu'il n'aimait pas, n'avait vraiment rien à redire.

L'ultimatum adressé à la Serbie a été le point culminant de la politique du Congrès de Berlin, de la crise bosniaque, de la Conférence de Londres : mais il était encore temps de revenir en arrière.

Nous avons pleinement réussi à réaliser ce qui, par-dessus tout, aurait dû être évité : la rupture avec la Russie et l'Angleterre.

NOTRE FUTUR

Après deux années de combat, il est évident que nous n'osons espérer une victoire inconditionnelle sur les Russes, les Anglais, les Français, les Italiens, les Roumains et les Américains, ni espérer pouvoir épuiser nos ennemis. Mais nous ne pouvons obtenir une paix par compromis qu'en évacuant le territoire occupé, dont la conservation serait de toute façon pour nous un fardeau et une cause de faiblesse et entraînerait la menace de nouvelles guerres. Il faut donc éviter tout ce qui rendrait plus difficile la tâche des groupes ennemis qui pourraient encore être gagnés à l'idée d'une paix par compromis, à savoir les radicaux britanniques et les réactionnaires russes. De ce seul point de vue, le projet polonais doit être condamné, tout comme toute violation des droits belges ou l'exécution de citoyens britanniques, sans parler du projet insensé des sous-marins.

"Notre avenir repose sur l'eau." C'est tout à fait vrai ; ce n'est donc pas le cas en Pologne et en Belgique, en France et en Serbie. C'est un retour à l'époque du Saint Empire romain germanique et aux erreurs des Hohenstaufen et des Habsbourg. C'est la politique des Plantagenêt , pas celle de Drake et Raleigh, Nelson et Rhodes. La politique de la Triple Alliance est un retour au passé, un détournement du futur, de l'impérialisme et d'une politique mondiale. "L'Europe centrale" appartient au Moyen Âge, Berlin-Bagdad est une impasse et non une voie vers la campagne, vers des possibilités illimitées, vers la mission mondiale de la nation allemande.

Je ne suis pas un ennemi de l'Autriche, ni de la Hongrie, ni de l'Italie, ni de la Serbie, ni de tout autre État, mais seulement de la politique de la Triple

Alliance, qui ne pouvait que nous détourner de nos objectifs et nous amener sur le plan incliné d'une politique continentale. Ce n'était pas la politique allemande, mais celle de la maison impériale autrichienne. Les Autrichiens en étaient venus à considérer l'Alliance comme un parapluie à l'abri duquel ils pouvaient faire des excursions au Proche-Orient lorsqu'ils le jugeaient opportun.

Et à quoi devons-nous nous attendre comme résultat de cette guerre des nations ? Les États-Unis d'Afrique seront britanniques, comme ceux d'Amérique, d'Australie et d'Océanie. Et les États latins d'Europe, comme je l'avais prédit il y a des années, entretiendront avec le Royaume-Uni les mêmes relations que leurs sœurs latines d'Amérique entretiennent avec les États-Unis. Les Anglo-Saxons les domineront. La France, épuisée par la guerre, ne fera que se rattacher encore plus étroitement à la Grande-Bretagne. L'Espagne ne résistera pas non plus longtemps.

Et en Asie les Russes et les Japonais se répandront et porteront leurs coutumes à leurs frontières, et le Sud restera aux Britanniques.

Le monde appartiendra aux Anglo-Saxons, aux Russes et aux Japonais, et les Allemands resteront seuls avec l'Autriche et la Hongrie. Son règne sera celui de la pensée et du commerce, et non celui du bureaucrate et du soldat. Il est apparu trop tard et sa dernière chance de réparer le passé, celle de fonder un empire colonial, a été anéantie par la guerre mondiale.

Car nous ne supplanterons pas les fils d' Ichwe . Alors se réalisera le plan du grand Rhodes, qui voyait le salut de l'humanité dans l'expansion de la Grande-Bretagne , dans l'impérialisme britannique.

Ma regere impérial populos , Romane , souvenir.
Haé tibi échapper artes : pacisque imponer morem ,
Parcere sujet et devoir superbes .

NOTE DE BAS DE PAGE

[1] L'original porte le mot « guerre », probablement à cause d'une erreur d'impression. — TRADUCTEUR.